AF209513

Kustantaja:BoD-Books on Demand, Helsinki, Suomi

Valmistaja: BoD-Books on Demand, Norderstedt, Saksa

ISBN: 978-952-8048657

sisältö

Pystykorvan värinen maa

Elämäni alas painanut

tukahduttanut, ollut ajattelematta

tämän tästä

koputellut , kutitellut

ovea raotan

sieltä se nousee

nostaa päätään

asuuko minussa sukuni vanha

runonlaulaja

Kaskimaat

kuivuneet kannot

tulehen tuijottelijat

savun peittämä kelmeä kuu

savu sieraimiin hakeutuu

sama veri suonissa kiertää

kuunkiertoja ennen meitä

tulenkajo järven pinnassa haalistuu

Auringonvalon heijastaessa

ilo kasvoillesi ponnahtaa

maalaan sen

ilosi vangitsen

Pystykorvanvärinen

kellertävä maa

valppaana odottaa

joka kevät

uudelleen saapuvaksi

sinua

Uneni hölmöt harakat

selkäni takana raakkuvat

pää pystyssä ylös kohti vaaroja kuljen

tiedän

taakse jäävät

varikset vaakkuvat

Vaisun mitäänsanomaton päivä

tyhjänpäiväisillä mainoskatkoilla

viileät vinttikomerot

talitintin harmaissa höyhenissä

Köyhässä maassa kasvanut

ravinteita vailla

kiltiksi kutistunut

Koivunlehdet

jotka tuulessa kahisee

hiekka ja kivet kengänpohjassa rahisee

kukkameren huumaavat tuoksut

juhannusaattoillan juoksut

yötön yö, koivun mahla

kurjenpolvet, kuusenkerkät

ihmismielen rajallisuus

äänet luonnon kuulen

tuoksut aistin

nautin

Maaruska

sen kauniit sävyt

elämän tuska

kaikki kirkkaat värit

kuinka saisin kehoni läpi

kulkemaan kuin sähkärit

mieleni valaistumaan

Kesäheinät ja kukkaset taitoin

tyynyn alle ne laitoin

juhannustaikaa tarvitse en

kasvot sulhasen

tuntenut olen jo vuosikymmenen

Silti kukat ja yrtit poimin

syy miksi näin toimin

piirteet nuo tutut

haluaisin kanssani tulevaisuuteen

Itsetuntoni kuhmuraisia kolhuja

ruosteisia läiskiä suoja

kuoreni pinnalta

katumuksen kaitaliinalla kuuraan

vihamielisten riitojen roiskeita

jäljelle jääneellä

ylpeyteni risaisella

rievulla hinkkaan

Päältä kutakuinkin käyttökelpoinen

sisältä kuin kuorittu sipuli

saa vedet nousemaan silmiin

vaikka hymy on huulilla

Olenko jotain

olenko - en

olen nopeatempoinen ihminen

häät lyhyimmän kaavan mukaan

kohta niitä muista ei kukaan

päätä pahkaa miettimättä

lähes aina empimättä

myöhemmin vasta vaikutukset näin

harteita kohauttaen eteenpäin

13

Kuljen pensseli kädessä

ajatukset utuisissa maisemissa

silmissä syvä keskittyminen

säikähtäneen jäniksen

viiksikarvojen vapina poskipäissä

vahingossa hipaistu maalitahra

Aamu avaa valon ikkunoita

koivujen vaaleat rungot

sekoittuvat oksien tummaan hämärään

leppeässä kesätuulessa

tunnit vierivät verkalleen

Niitä hetkiä

nurinkurisen nuttuni

vasemmankäden virkkauksia purkaisin

en tunne ylpeyttä, en tunneälyä

kireälle vedetyt tikit

pienen pienen egoni palasia hiertää

siivilällä sihtaillen

pelastuspartio

yksittäisiä hyvänolon hetkiä keräilee

jospa haluaisin tielle seisahtua

jospa haluaisin kuusia kasvattaa

pelastaa luontoa yhden linnun verran

kuulla peltosirkun laulua edes kerran

tähyillä muuttoja

rengastaa kuutteja

reppuselässä metsän reunaa

silmästä silmään katsella valkohäntäpeuraa

maisemataulussa ulkona tovin

hyvinhän minä tänne sovin

Kaikki kolhut ja lommot

joita kylkiini keräsin

jäljet eletystä elämästä

Kaikki ne rakkaat

jotka alleni tallasin

ojanpenkalle jäivät

ihmetyksen ilme kasvoillaan

odottamaan parempaa hetkeä

Kaikki ne

joita tekaistuja toiveitani juostessani

kyynärpäilläni kumoon sysäsin

Saisinko vielä mahdollisuuden ?

18

Varmat päivät

viistot välähdykset

saa tuntemaan

kottikärryni kantaa

kaihtaa kissan hännän nostajaa

turhan tärkeitä täti-ihmisiä

olla oikealla lailla ylpeä

seistä sanojensa takana

Ihmismielen merkillisyys

lämmin lätäkkö

johon laineita toivoo

Sain tehtävän mahdottoman

pyydettiin kuvailemaan tuntoja omasta itsestä

maanläheinen mannekiini

elämänmyönteinen etana

kauniita lauseita

suustaan suoltava päästäinen

omasta mielestäni

sirohko sittiäinen

todellisuudessa totinen maitotonkka

mielialan vaihteluissa vapiseva varvastossu

todellisuus totta ja tarkempaa

toiveet tuulesta temmattuja

Meno myötämäkeen helpompaa

silti toiseen suuntaan törttöilen

Ei auvoisia aamuja

tyventä tai seesteisiä sielunmaisemia

vaan rättipoikki riekuttuja iltayön tunteja

rivakasti riisuttujen riitasointujen

ohimennen ongittuja odotuksia

vahingossa varpaillaan

suunnan vaihtoa yritän

Ajassa asuva ajattomuus

pitkin askelin harppova tulevaisuus

pieni pysähtyneisyyden hetki

hauska päivä

onnellinen retki

Taaksepäin tallaava menneisyyden merenkäynti

eteenpäin ehtivät tulevaisuuden tuuliset purjeet

Elän tässä ja nyt

näin olen sen päättänyt

Ikävä kynnykselle kompuroi

Joutsenten lähtö

kauas kantava kaakatus

pitävät itsestään meteliä

minua ei kuuntele kukaan

Hyvän ja helpon elämän

itsestäänselvyyden rakoillessa

ikävä

kynnykselleni

kompuroi

mitä väliä

jos tuuli on tuivertanut tiet umpeen

puut kasvaneet järvinäkymän peittäen

mitä sillä on väliä

jos en saa siitä sinun kanssasi keskustella

Solmussa sormenpäitä myöten

ajatusten mainingeissa menneitä miettien

kilisevien kivien rannikoilla

helisevien heinien huojuntaan

Asioita joihin vaikuttamaan pysty ei

metrien korkuisten aaltojen seinä

rakkaitteni kärsimykset

puhallan poistumaan

kiertämään kuuta ulos radaltaan

viruvat matalassa vedessä

kastepisaroiden kyyneleet

Kivelle nousen, helmat vettä valuen

odottamaan aurinkoa

odottamaan helpompaa elämää

Usvan alla veden pinnalla

vesikirpun paikka

sydämesi lähellä kylkesi kuopassa

minun paikkani

mitä tapahtuu vesikirpulle

elinolosuhteiden muuttuessa

mitä tapahtuu meille

Jostakin se oja eteemme ontui

hämärän pilvet päällemme

entä jos käpertyisi pesään kuin karhut

nukkuisi pahan pois

ei siitä kuitenkaan apua ois

Pala palalta riisutaan

kuinka paljaaksi voi

että säilyy inhimillisyys

Puheiden tulvaan hukun

hiljaisuuden merelle ajelehdin

ajatukset kiertävät päässä

menneet kuvat kulkevat

eksyn autiolle saarelle

enkä löydä ketään

sanat sekavat kurkkuun tarttuvat

Olit myrskylyhtyni

hukun pimeään

ihoni itkee ikävää

Taivaanrannassa musta kaistale

surunauha

Jäätävän pieni sieni

tuulessa viileämpi vivahde

pilvet haaskalle kerääntyen

kylmän kopristama koura

viimeisen toiveen aika

ennen pyövelin saapumista

Tuttu polku jolle tuskani huudan

se kestää mitä vaan, minä en

puut maisemaan sulautuen

metsän kohtu, sykkivät sydämenlyönnit

sisältäni tulevat

Mietteeni meri

ajatukset aaltoja sen

rannalla kuljen

menneisyyden rupia raapien

Nousen lammesta

evät entisestä elämästä

vesipisarat vartalolla

suomut sisäänpäin kääntyneet

Ajatukseni ailahtelevat

ajan myötä armahtavat

Vihdoin ymmärrän

ei sieluni kannel

enää kaksiäänisesti soi

Kasvoistasi huokuvaa

lempeyttä keräilen

tulee hetki

sitä tarvitsen

Kaikenlaista ikävää

on elämä eteeni työntänyt

kaikkea kamalaa

ovista sisään ajanut

kysymättä lupaa

kivijalkaani kiilannut

Ikkunan avaan iloisten asioiden verhota

tuskaiset tunteeni

Lyhyt hyvä hetki

pistokkaan otan siitä ikkunalleni

kasvamaan

Hyvät yritykseni hiiltyneet himmeiksi

raivokkaan rovioni pohjalla

mustia kekäleitä puhallan

Surun sakea sumu

estää näkemästä

jälleen törmään

siihen sirpaleiseen seinään

jolloin kaikki hajosi

Äänen avaus

trumpetit kuntoon

Yhtäkkiä se soi

kehoani vavisuttava

jäähyväiskonsertti

Joutsenten ylilento

Istun pimeässä

häilyvien varjojen kuoro

andantena hiippailee

aamun sarastus hidastetusta filmistä

Ei sanoja tunteistani kertomaan

ei löydy lauseita

laajemmin analysoimaan

kipinöivää kipua

Ei tunnetta tulkitsemaan

syvimpiä syntyjä

ajatusten kipupisteitä

kirveltävien kuvien kaaosta kahlitsemaan

mietteissäni hallan vaara

Kanssani kuljit pitkän matkan

sinusta joudun luopumaan

    eri ajassa

    eri paikassa

sydän syöpynyt

    kokoon kuivunut

juuri ja juuri hengittää

    sen verran ymmärtää uskallan

Värisevä sydämeni vailla villapipoa

syliini sopivaa hellyyden hullunmyllyä

tyhjät käteni tekemisen tuntua kaipaa

olkapääni taputeltavaa

yhteistä mielipiteiden ymmärtäjää

hiukseni hivelijää

silmät syvää myötäeläjää

varpaat toisen vanhoja kumisaappaita

joista varret on katkaistu

Olen kävelevä kaipuu

Ulospäin viileän etäinen

sisälläni sadat simpukat

soittavat sinfoniaa

Kuvat kulkee mieli soutaa

menneet kasvot kaiho noutaa

ikävän harso

kehossani orastavan kasvuston peittää

Keväinen jäänkuori sisälläni rapsahtaa

Ajanvirrassa pysyminen yhä vaikeampaa

Vääjäämättä saapuva

kissalla karvanlähtö

Itsellä ikävä

Ikävä niitä

jotka lähtiessään

lapsenkenkänsä

eteiseeni jättivät

Ehjää on edesmennyt, kupruilevaa tuleva

kuinka elämänsä epäilemättä esittää

aikansa armollisesti asettaa

kulkeeko onnellisten ohrapelloilla

varjoissako vaeltaa

vaatiiko itsellensä lisää aikaa

puoltaako pimeän polkuja

kyynisenä kyseleekö parempaa elämää

Voihan sitä voihkien valittaa tai

tyynesti tyytyä tavalliseen

nähdä rikkaus risukoissa

rautalangoissa, rapakoissa

Avata silmät - nähdä toinen ihminen

olla inhimillinen

Sauvat tukena

aidat aavistuksen apuna

portti perille ohjaa

läheiset lämpöpattereina

Taskut jäähilettä täynnä

käsissä kuunsirppien

kultaamat kuvajaiset

istua keskellä kimmeltävää hankea

tukena

nousevan auringon noja

Hiljainen kylä

aamuun arasti avautuu

Asuuko täällä ketään

valkoiset lakanat tuulessa

ei antautumista

vaan toivoa liputtaen

tienpientareella tukkipuupino

Joenmutkassa joutilas päivä

Pahaenteisesti rymisten

paineella matkaan paukahtaen

jäät jokea halkoo

Olen kasvanut näissä maisemissa

jokivarren liukkaissa kivikoissa

heiluvat heinämättäät sikin sokin

Joen mutkassa joutilas päivä

kuivunutta uomaa

sammaleiset kivet seuraa

lintuparven pyrähdykset

säikäyttää lentoon ajatukset

Lato siellä

toinen täällä

hiljaa lipuen uivat

tulvan järveksi muuttaneen

pellon päällä

Kipeä laastaripolvi

auringossa nipistelevät heinät

mustelmia siellä täällä

Tuijotuskilpailu

surumielisten silmien kanssa

huiskivat hännät

märehtivät maitolaiturit

Veneet odottavat vesille panoa

purjeet puuskaista tuulta

Istun laiturin nokassa

ihaillen isoja aaltoja

Veneetön

En mene metsään sykettä mittaamaan

menen hakemaan nöyryyttä

askel askeleelta

toiset alleen polkeva vieraslaji katoaa

Yllättäen mennyttä patinaa

kuiskivan metsätähden

löydän elämäni graffitista

Päivän paras

yksi hymy

vaivaantuneiden vastaantulijoiden joukossa

Ahava armoton vaaroja hiertää

tunturin tuiverrus polut umpeen kiertää

Keskellä koskematonta hankea

rykelmä honteloita puita

toisistaan tukea hakien

Pihkan tuoksuinen puu

loivasti kaartuva polku

eteeni avautuu

syvällä asuva elämänpelko

taakseni unohtuu

tekisinkö tuohesta siivet selkääni

laittaisinko lastuista veneen

kaartaa ja kauhoa

laveerattuun maisemaan pujahtaa

yksinkertaista kauneutta

muutama siveltimen veto

helppoutta hengittää

Yllättynyt auringonsäde

onnistuu pujahtamaan

oksiston siivilän läpi

Auringonpalasia

puiden takaa pilkistää

mosaiikkityö

tekijänä luonto

Vinosti viivasuora otsatukka

nilkussa napit

vintinportaalla

puraisu äidin leipomaa

vieläkään en tiedä parempaa

Yskähdykset talven yli

vilunväristykset viltin alla

häilyväinen kesäkuume nousee

Helmi haalean hapuilevien päivieni

joukossa

laiskasti liikkuvat ajatukset

Lammessa lumpeenlehtenä kellun

laakakivi heitettynä veden pintaan

sinunkaupat sisimpäni kanssa

Kuuntelen huminaa hiljaisen kylän

kevään kohinaa ylitse pyhän

ajan kulkua , ikävän tuntua

Mielessä menneen sumuiset verhot

edessä hopeiset päivänperhot

Turvalliset kirkonkellot

joen takaa kumahtaa

turvalliset kantturat

kesälaitumille pelmahtaa

Haalistuneet päivät

hailakat pilvet

linnunlaulua kuulu ei

Yöperhosen hapuileva lento

lepattava siivenisku hento

talot mollivoittoiset

nurkat aavistuksen kallellaan

Haikeutta lähteä, halua palata

tuntea olevansa elossa

hetken vielä

olla vaan

Ikä tuo yksinäiset päivät

yrmeät illat

matolla maaten mietin

kuinka tavoitan jälleen kastehelmi sillat

meren ojia , järvenselkiä   joissa aikaani vietin

joen mutkia , purojen jälkiä

sateenvarjosankareiden retkipaikkoja

saippuakupla päiviä

kaneliässiä, koiranputkia

hetkissä heiveröisissä

onnellisesti loikkivia pupuja

hörppien evässaikkoja

Rikkaaksi mainittu

välähdyksiä eletystä

tuntemusten timantteja

pienen pieniä kristalleja

siellä täällä

pitkin matkaa

pakoputkesta putoilevia pirstaleita

onnen ohikiitäviä hetkiä

omistanut olen

Yöttömän yön taianomainen hiljaisuus

rantaviiva veden väreillen kohtaa

lokin huuto rikkoo hiljaisuuden

koivun rungosta

silmut helisten oksistoon karkailevat

Kaatuneen kelopuun rungolla

istuva nuori lintu

vastakohdat täydentävät toisiaan

Kiehtovaa kesäyötä

pimeyden huppu himmennä ei

aamuyön värisevä viattomuus

hyttysten tanssi järven päällä

hyttysten tanssi , kesä on täällä

Maisema kuin maalaus

järvet molemmin puolin tietä

jäänsohjoa rannoilla

linnunpöntöt ripoteltuna sinne tänne

vedenpinta heinämättäät hukuttaa

viimeisenkin lahdenpoukaman

tulva löytää

Yön katkonaiset tunnit

ajatusten virtaa amputoi

Tunnenko itseni , toisiin nojaileva tuulenkaato

jalat kiinni multapaakussa

taipuen miettii kaatua vai seistä

korvamerkityt koinsyömät kaipaukset

irti poikki ilmoille kajahtava kuolinkamppailu

turvonneet silmät sisäänpäin itketyt

sulat yksitellen irronneet sattui niistä jokainen

tästä syntyy jotakin kaunista

kun aikaa kuluu

Tottunut tilanteeseen elämä kantaa

yhtäkkiä kiitotien pää , siivet töksähtää

Vipuvartta vailla synkeä virta

kiipeilyseinällä koukkuja ei

Suotuisat tuulet , kankaassa reikä

uskolliset myötäeläjät mihin hukkuivat

Loppuivat tekemisen paukut

menemisen mielekkyys avaudu ei

ohjaava olalle taputus ontuu

saan haukut

Valon näyttäjä väsynyt , tiet sikin sokin

Merkkiä odotan , ehkäpä joku

tarttuisi käteen, ohjaisi kotiin

Olen kirjani lukenut

ahmien sivuja yli hyppinyt

elämännälkä kantapäillä

viimeiset sivut

takakannen teksti

niihin paneudun